DIDAQUÉ

Dados Internacionais de Catalogação na Publicação (CIP)
(Câmara Brasileira do Livro, SP, Brasil)

Didaqué – Instruções dos apóstolos : catecismo dos primeiros cristãos / prefácio, tradução do original grego e comentário de Urbano Zilles. – Petrópolis, RJ : Vozes, 2019. – (Coleção Clássicos da Iniciação Cristã).

Título original: Didachè

5ª reimpressão, 2025.

ISBN 978-85-326-6055-8

1. Literatura cristã primitiva I. Zilles, Urbano.

11-12459 CDD-281.1

Índices para catálogo sistemático:
1. Literatura cristã primitiva   281.1

DIDAQUÉ
INSTRUÇÕES
DOS APÓSTOLOS

Catecismo dos primeiros cristãos

Prefácio, tradução do original grego e comentário de
Urbano Zilles

Petrópolis

Tradução do original em grego intitulado Διδαχή (*Didachè*)

Traduzido a partir de AUDET, J.-P. La Didachè – Instructions des Apôtres. Paris. [s.e.], 1958.

© desta tradução:
1970, 2019, Editora Vozes Ltda.
Rua Frei Luís, 100
25689-900 Petrópolis, RJ
www.vozes.com.br
Brasil

Imprimatur
Por comissão especial do Exmo. e Revmo. Sr. Dom Manuel Pedro
da Cunha Cintra, Bispo de Petrópolis.
Frei Hugo de Baggio, OFM
Petrópolis, 22/04/1970

Todos os direitos reservados. Nenhuma parte desta obra poderá ser reproduzida ou transmitida por qualquer forma e/ou quaisquer meios (eletrônico ou mecânico, incluindo fotocópia e gravação) ou arquivada em qualquer sistema ou banco de dados sem permissão escrita da editora.

CONSELHO EDITORIAL

Diretor
Volney J. Berkenbrock

Editores
Aline dos Santos Carneiro
Edrian Josué Pasini
Marilac Loraine Oleniki
Welder Lancieri Marchini

Conselheiros
Elói Dionísio Piva
Francisco Morás
Teobaldo Heidemann
Thiago Alexandre Hayakawa

Secretário executivo
Leonardo A.R.T. dos Santos

PRODUÇÃO EDITORIAL

Anna Catharina Miranda
Eric Parrot
Jailson Scota
Marcelo Telles
Mirela de Oliveira
Natália França
Priscilla A.F. Alves
Rafael de Oliveira
Samuel Rezende
Verônica M. Guedes

Diagramação: Sheilandre Desenv. Gráfico
Revisão gráfica: Alessandra Karl
Capa: WM design

ISBN 978-85-326-6055-8

Este livro foi composto e impresso pela Editora Vozes Ltda.

Sumário

Prefácio **7**

Introdução **11**

Texto **17**

Comentário **47**

Índice escriturístico **105**

Índice analítico **109**

Índice geral **113**

Prefácio

Desde meados do século XIX, os teólogos mostram um interesse sempre maior pelo estudo dos *Padres Apostólicos*, isto é, pelos escritos de um grupo de autores cristãos, os quais, por longo tempo, eram tidos como discípulos diretos dos doze apóstolos. O esforço para conhecer a doutrina e a prática da Igreja primeva conduziu a uma série de descobertas de textos antigos, particularmente a uma série de traduções orientais ainda desconhecidas até pouco tempo. Dentre estas descobertas, sobressai a *Didaqué*, geralmente conhecida sob o nome de *Doutrina dos Apóstolos* (seu nome mais completo: Doutrina do Senhor através dos Doze Apóstolos aos Gentios). A *Didaqué* deu novo impulso ao estudo dos tempos pós-apostólicos. Trata-se de um testemunho literário da transmissão do depósito da fé, dos apóstolos à primeira ou à segunda geração pós-apostólica, um testemunho precioso para as reflexões teológicas de hoje.

Talvez nos últimos séculos a teologia dogmática se tenha orientado por demais em certo comodismo especulativo, fechando-se em formas ecléticas e abstratas. Tal atitude encerra o grande perigo de querermos despir – talvez inconscientemente – o dogma de sua humanidade histórica e concreta, esquecendo-se de todo um processo histórico. O dogma, também na sua formulação mais autoritária, é uma formulação *humana* condicionada, até certo ponto, a uma situação histórica bem concreta, e por isso sempre inadequada, e até certo ponto sempre restritiva.

É doutrina do magistério da Igreja Católica que só o que é de revelação divina poderá ser objeto de uma formulação dogmática. Esta revelação – isto também é doutrina do magistério da Igreja – não poderá ser uma revelação *nova* e *particular*, como seria o caso de uma visão. Daí a grande importância da *tradição apostólica* para a teologia, sendo a literatura dos Padres Apostólicos, ao lado do Novo Testamento, o último elo que nos liga a ela. Também o estudo das formulações dogmáticas mais recentes de nenhum modo deverá ignorar a história do testemunho de fé da Igreja através dos séculos imediatamente posteriores a Jesus Cristo, pois o começo, isto é, a pessoa e a obra de Jesus Cristo e o testemunho dos apóstolos e discípulos é normativo para todo o desenvolvimento posterior. Trata-se da colocação de um problema teológico muito importante para a renovação de nossa catequese, de uma tentativa de sair de posições acomodadas, à luz da *verdadeira tradição* da Igreja, pois a Didaqué é, sem dúvida, um documento autêntico que nos conduz para bem perto das origens da própria Igreja.

É certo que não resolveremos todos os nossos problemas atuais na catequese e na pregação com um simples recurso ao passado. Mas o método histórico é também um método crítico. Constatar como era a vida prática da Igreja primeva, indo às fontes, é, ao mesmo tempo, confrontar nossa situação presente. Seria errôneo considerar o estudo das fontes apenas como uma função de nossa evidência atual. Onde a crítica histórica não for manipulada unilateralmente para defender determinadas posições poderá questionar não só as posições de outros, mas também nossa própria.

A importância da Didaqué para o estudo da história do dogma e da vida da Igreja é indiscutível. Para facilitar o acesso a este testemunho dos Padres Apostólicos também a pessoas menos especializadas em teologia e não versadas na língua grega, fizemos o trabalho desta tradução do grego para o português, acrescentando um breve comentário de caráter despretensioso[1].

Urbano Zilles

---

1. Para a tradução, baseamo-nos no texto editado por AUDET, Jean-Paul. *La Didachè* – Instructions des Apôtres. Paris: [s.e.], 1958, p. 226-242 e na edição FUNK-BIHLMEYER. *Die Apostolischen Väter.* Tubinga: [s.e.], 1956, p. 1-9. Esta tradução não é a primeira que se faz para a língua portuguesa no Brasil. Cf. VIER, Frei Frederico, OFM, Διδαχή. Doutrina dos Doze Apóstolos, em *COR. Revista Eclesiástica Brasileira, 2,* 1940, p. 44-50 e Doutrina dos Doze Apóstolos, em *A Ordem,* 22, 1942, p. 52-67.

Introdução

A Didaqué (Διδαχή) (*Doctrina Apostolorum*) é uma pérola preciosa da literatura dos Padres Apostólicos. Talvez seja uma das descobertas mais valiosas feita, neste campo de literatura, nos últimos tempos. Trata-se do mais antigo *manual de religião* da comunidade cristã primeva, que conhecemos até o momento. Durante muitos séculos era desconhecida.

Em 1883, o metropolita Filóteo Bryennios, da Nicomedia, publicou um manuscrito grego da Didaqué, em Constantinopla. Este manuscrito é uma cópia, cujo original data do ano 1056 e, apenas no índice, traz o título *Doutrina dos Doze Apóstolos*. Desde a publicação de Bryennios ainda foram descobertas outras versões parciais: uma geórgica, um fragmento em língua cóptica (no Museu Britânico), dois fragmentos em grego e um fragmento no papiro de Oxyrhynchos, datado do século IV ou começo do V. Em 1900, descobriu-se também uma versão latina dos primeiros seis capítulos (museu de Munique), datada do século XI.

A Didaqué é um documento que nos permite conhecer mais profundamente o começo da Cristandade, pois é, sem dúvida, uma das fontes mais antigas da catequese. Apesar do título, o texto não reivindica ser da autoria de um dos doze apóstolos.

A obra apresenta linguagem clara e concisa. Divide-se em três partes:

I – Cap. 1-6:

É um tratado moral para catecúmenos. O conteúdo ético desta primeira parte é de origem judaica, orientando-se no esquema dos dois caminhos:

Cap. 1-4 trata do caminho da vida.

Cap. 5 trata do caminho da morte.

Cap. 6 faz uma síntese.

A base do caminho da vida é o mandamento do amor a Deus e ao próximo, com muitas outras sérias advertências.

II – Cap. 7-10:

É um antigo ritual litúrgico, contendo instruções sobre a administração do batismo (cap. 7), o jejum e a oração (cap. 8) e a celebração eucarística (cap. 9 e 10).

III – Cap. 11-15:

São instruções relativas à vida comunitária. Tratam da hospitalidade para com os apóstolos, ou seja, os pregadores itinerantes (girovagos), dos profetas e dos peregrinos em geral, recomendando bondade e prudência; da santificação do domingo e das qualidades requeridas do bispo e do diácono e sua eleição.

O cap. 16 manda aguardar a vinda do Senhor.

Nota-se logo que as comunidades cristãs ainda não estavam plenamente estruturadas. Os apóstolos e os profetas ocupam maior destaque que os bispos e os diáconos. A comunidade, não o ministro, administra o batismo. O rito batismal e o rito da celebração eucarística ainda não estão fixados. Enfim, a liturgia, se a compararmos, por exemplo, com as formas apresentadas pelo escritor Justino (morto ca. 165), ainda é pobre e embrionária. Ademais, a Didaqué silencia quase totalmente os grandes mistérios salvíficos – a crucifixão e ressurreição do Senhor – nem se refere diretamente à narrativa da última ceia.

Hoje, geralmente, se admite que foi compilada entre os anos 90-100 d.C., na Síria, na Palestina ou em Antioquia. São poucos os que hoje ainda defendem a tese da data cerca da metade do século II. J.P. Audet até quer datá-la antes do ano 70 (Antioquia), isto é, ainda do tempo de S. Paulo. Mas uma série de estudiosos não concorda com ele neste ponto.

Os antigos padres da Igreja conheciam a Didaqué[2].

Trata-se, é verdade, de uma compilação, cujos autores – um ou mais – nos são desconhecidos. Pertence ao gênero literário das constituições, servindo de manual de catequese à comunidade, num ambiente judaico-cristão e pagão, como o revela a lista dos vícios. Com a Didaqué, inicia-se a reflexão teológica pós-apostólica propriamente dita. Os escritos dos *Padres Apostólicos*, isto é, do tempo imediatamente posterior aos apóstolos, sem dúvida foram importantes para a constituição do cânon neotestamentário, as origens da liturgia e as estruturas eclesiais.

Nos primeiros capítulos da Didaqué notam-se particularmente influências não cristãs. Apesar disso, também esta parte pode figurar na literatura pastoral e catequética da Igreja primeva, devendo, evidentemente, ser considerada toda a Didaqué em suas múltiplas interdependências teológicas e literárias com a Epístola de

---

2. Cf. Justino, *Apol* 1,16. Clemente de Alexandria, *Strom* I, 20,100,4. Lactâncio, *Div instit* VI, 3-23 (As duas vias); Migne PL 6 (1844) 641s. Pseudo-Cipriano, *Adversus aleatores* 4; CSEL (1871) 3,3, p. 96; PL 4, 906. Eusébio, *Hist. Eccles.* III, 25,4; Migne PG 20, 267-272. S. Atanásio, *Cartas festivas* 39; PG 26, 1437-1440.

Barnabé, o texto latino do Pastor (Hermas), a Epístola a Diogneto (hoje atribuída a Quadrato) e a de Clemente, Policarpo, Inácio de Antioquia, Quadrato, os ditos dos presbíteros da Ásia Menor, transmitidos por Ireneu e Papias. Provavelmente serviu a Didaqué de fonte à Didascália Apostólica. No livro VII das Constituições Apostólicas (cap. 1-32), encontramos uma paráfrase extensa do texto da Didaqué, cuja versão daremos nas páginas seguintes.

TEXTO

TEXTO

Os dois caminhos: o da vida exige o amor a Deus e ao próximo

Instrução (Didaqué) do Senhor aos gentios[1].

1. [1] Há dois caminhos: um da vida e outro da morte[2]. A diferença entre ambos é grande.

[2] O caminho da vida é, pois, o seguinte: primeiro amarás a Deus que te fez; depois a teu próximo como a

---

1. Assim o texto crítico editado por AUDET, J.P. In: *Didachè – Instructions des Apôtres*. Paris: [s.e.], 1958, p. 226. A edição FUNK-BIHLMEYER. *Die Apostolischen Väter*. Tubinga: [s.e.], 1956, diz: "Instrução do Senhor através dos Doze Apóstolos aos gentios" (p. 1).
2. Cf. Jr 21,8; Dt 5,32s.; 11,26-28; 30,15-20; Eclo 15,15-17.

ti mesmo[3]. E tudo o que não queres que seja feito a ti, não o faças a outro[4].

[3] Eis a doutrina relativa a estes mandamentos. Bendizei aqueles que vos amaldiçoam, orai por vossos inimigos, jejuai por aqueles que vos perseguem. Com efeito, que graça vós tereis, se amais os que vos amam? Não fazem os gentios o mesmo? Vós, porém, amai os que vos odeiam e não tenhais inimizade[5].

[4] Abstém-te dos prazeres[6]. Se alguém te bate na face direita, dá-lhe também a outra e tu serás perfeito. Se alguém te obrigar a mil (passos), anda dois mil com ele. Se alguém tomar teu manto, dá-lhe também tua túnica. Se alguém toma teus bens, não reclames, pois de todo o jeito não podes[7].

[5] Dá a todo aquele que te pedir, sem exigir devolução[8]. Pois a vontade do Pai é que se dê dos seus próprios dons. Bem-aventurado é aquele que dá conforme a lei, pois é irrepreensível. Ai daquele que toma (recebe)! Se, porém, alguém tiver necessidade de tomar (receber)[9], é

---

3. Cf. Dt 6,5; 10,12s.; Eclo 7,30; Lv 19,18; Mt 22,37 par.
4. Cf. Mt 7,12; Lc 6,31.
5. Cf. Mt 5,44.46s.; Lc 6,27-28; 6,32-33.
6. Cf. 1Pd 2,11.
7. Cf. Mt 5,39s.; Lc 6,29.
8. Cf. Mt 5,42; Lc 6,30.
9. Ao apresentar a tradução optativa em parênteses, desejo fazer ver ao leitor certa ambiguidade dos termos do texto original,

isento de culpa. Mas se não estiver em necessidade, terá que se responsabilizar pelo motivo e pelo fim por que recebeu. Colocado na prisão, ele não sairá de lá, até ter pago o último quadrante (vintém)[10].

[6] Mas é verdade que a este propósito também foi dito: Que tua esmola sue em tuas mãos, até que souberes a quem dar[11].

---

que numa tradução facilmente desaparece de todo, quando se opta por uma só.
10. Cf. Mt 5,25s.; Lc 12,58s.
11. Cf. Eclo 12,1.

Dos deveres para com a vida e a propriedade do próximo

2. [1] O segundo mandamento da Instrução (Didaqué) é:

[2] Não matarás, não cometerás adultério; não te entregarás à pederastia, não fornicarás, não furtarás, não exercerás magia, nem bruxaria (charlatanice). Não matarás criança por aborto, nem criança já nascida; não cobiçarás os bens do próximo.

[3] Não serás perjuro[12], nem darás falso testemunho; não falarás mal do outro, nem lhe guardarás rancor.

[4] Não usarás de ambiguidade nem no pensamento nem na palavra, pois a duplicidade é uma trama fatal[13].

---

12. Cf. Mt 5,33; Ex 20,7.
13. Cf. Pr 21,6.

⁵ Tua palavra não seja falsa, nem vá; mas, ao contrário, seja cheia de sinceridade e seriedade (comprovada pela ação).

⁶ Não serás cobiçoso nem rapace, nem hipócrita, nem malicioso, nem soberbo. Não nutrirás má intenção contra teu próximo[14].

⁷ Não odiarás ninguém, mas repreenderás uns e rezarás por outros, e ainda amarás aos outros mais que a ti mesmo (que tua alma).

---

14. Cf. o cap. 2 da Did com Ex 20,13-17; Dt 5,17-21.

Advertências contra a paixão e a idolatria

3. [1] Meu filho, evita tudo o que é mau e semelhante ao mal.

[2] Não sejas odiento, pois o ódio conduz à morte; nem ciumento, nem brigalhão ou provocador, pois de tudo isso nascem os homicídios.

[3] Meu filho, não sejas cobiçoso de mulheres, pois a cobiça conduz à fornicação. Evita a obscenidade e os maus olhares, pois de tudo isto nascem os adultérios.

[4] Meu filho, não sejas dado à adivinhação, pois ela conduz à idolatria. Abstém-te também da encantação (feitiçaria) e da astrologia e das purificações, nem procures ver ou ouvir (entender) estas coisas, pois tudo isto origina a idolatria.

[5] Meu filho, não sejas mentiroso, pois a mentira conduz ao roubo; não sejas avarento ou cobiçoso de fama, pois tudo isso origina o roubo.

[6] Meu filho, não sejas furioso, pois isto conduz à blasfêmia; não sejas insolente nem malvado, pois tudo isso origina as blasfêmias.

[7] Sê, antes, manso, pois os mansos possuirão a terra[15].

[8] Sê longânime, misericordioso, sem falsidade, tranquilo e bom e guarda com toda a reverência a instrução ouvida.

[9] Não te eleves a ti mesmo e não entregues teu coração à insolência; não vivas com os "grandes", mas com os justos e humildes.

[10] Tu aceitarás os acontecimentos da vida como sendo bons, sabendo que a Deus nada daquilo que acontece é estranho.

---

15. Cf. Mt 5,5; Sl 37,11.

É melhor dar que receber. Deveres do senhor e dos escravos

4. [1] Meu filho, lembra-te dia e noite daquele que te anuncia a palavra de Deus e o honrarás como ao Senhor, pois onde se proclama sua soberania aí está o Senhor presente[16].

[2] Todos os dias procurarás a companhia dos santos, para encontrar apoio em suas palavras.

[3] Não causarás cismas, mas reconciliarás os que lutam entre si. Julgarás de maneira justa, sem considerar a pessoa na correção das faltas[17].

[4] Não demorarás em procurar o que te há de acontecer ou não.

---

16. Cf. Hb 13,7.
17. Cf. Dt 1, 16-17; Pr 31,9.

⁵ Não terás as mãos sempre estendidas para receber, retirando-as quando se trata de dar.

⁶ Se possuíres algo, graças ao trabalho de tuas mãos, dá-o em reparação por teus pecados.

⁷ Não hesitarás em dar e, dando, não murmurarás, pois algum dia reconhecerás quem é o verdadeiro dispensador da recompensa.

⁸ Não repelirás o indigente, mas antes repartirás tudo com teu irmão, não considerando nada como teu, pois, se divides os bens da imortalidade, quanto mais o deves fazer com os corruptíveis[18].

⁹ Não retirarás a mão de teu filho ou de tua filha, mas desde sua juventude os instruirás no temor de Deus.

¹⁰ Não darás ordens com rancor ao teu servo ou à tua serva, que esperam no mesmo Deus que tu, para que não percam o temor de Deus que está acima de todos. Com efeito, Ele não virá chamar segundo a aparência da pessoa, mas segundo a preparação do espírito.

¹¹ Vós, servos, sede submissos aos vossos senhores como se eles fossem uma imagem de Deus, com respeito e reverência[19].

¹² Detestarás toda a hipocrisia e tudo o que é desagradável ao Senhor.

---

18. Cf. At 4,32; Hb 13,16.
19. Cf. Ef 6,1-9; Cl 3,20-25.

[13] Não violarás os mandamentos do Senhor e guardarás o que recebeste, sem acrescentar nem tirar algo.

[14] Na assembleia, confessarás tuas faltas e não entrarás em oração de má consciência. – Este é o caminho da vida.

Do caminho da morte

5. [1] O caminho da morte é o seguinte: em primeiro lugar, é mau e cheio de maldições: mortes, adultérios, paixões, fornicações, roubos, idolatrias, práticas mágicas, bruxarias, rapinagens, falsos testemunhos, hipocrisias, ambiguidades (falsidades), fraude, orgulho, maldade, arrogância, cobiça, má conversa, ciúme, insolência, extravagância, jactância, vaidade e ausência do temor de Deus;

[2] perseguidores dos bons, inimigos da verdade, amantes da mentira, ignorantes da recompensa da justiça, não desejosos do bem nem do justo juízo, vigilantes, não pelo bem, mas pelo mal, estranhos à doçura e à paciência, amantes da vaidade, cobiçosos de retribuição, sem compaixão com os pobres, sem cuidado para com

os necessitados, ignorantes de seu Criador, assassinos de crianças, destruidores da obra de Deus, desprezadores dos indigentes, opressores dos aflitos, defensores dos ricos, juízes iníquos dos pobres, pecadores sem fé nem lei. – Filho, fica longe de tudo isso.

Perfeito é quem aceita o jugo do Senhor

6. [1] Vigia para que ninguém te afaste deste caminho da instrução, ensinando-te o que é estranho a Deus[20].

[2] Pois, se puderes portar todo o jugo do Senhor, serás perfeito; se não puderes, faze o que puderes.

[3] Quanto aos alimentos, toma sobre ti o que puderes suportar, mas abstém-te completamente das carnes oferecidas aos ídolos, pois este é um culto aos deuses mortos.

---

20. Cf. Mt 24,4.

Instrução sobre o batismo

7. [1] No que diz respeito ao batismo, batizai em nome do Pai e do Filho e do Espírito Santo em água corrente[21].

[2] Se não tens[22] água corrente, batiza em outra água; se não puderes em água fria, faze-o em água quente.

[3] Na falta de uma e outra, derrama três vezes água sobre a cabeça em nome do Pai e do Filho e do Espírito Santo.

[4] Mas, antes do batismo, o que batiza e o que é batizado, e se outros puderem, observem um jejum; ao que é batizado, deverás impor um jejum de um ou dois dias.

---

21. Cf. Mt 28,19.
22. A mudança no tratamento pessoal (do plural para o singular) talvez indique uma interpolação posterior. Cf. tb. cap. 13,5s.

Sobre o jejum e a oração

8. [1] Vossos jejuns não tenham lugar (não sejam ao mesmo tempo) com os hipócritas; com efeito, eles jejuam no segundo e no quinto dia da semana; vós, porém, jejuai na quarta-feira e na sexta (dia de preparação).

[2] Também não rezeis como os hipócritas, mas como o Senhor mandou no seu Evangelho: Nosso Pai no céu, que teu nome seja santificado, que teu reino venha, que tua vontade seja feita na terra, assim como no céu; dá-nos hoje o pão necessário (cotidiano), perdoa a nossa ofensa assim como nós perdoamos aos que nos têm ofendido e não nos deixes cair em tentação, mas livra-nos do mal[23], pois teu é o poder e a glória pelos séculos.

[3] Assim rezai três vezes por dia.

---

23. Cf. Mt 6,9-13; Lc 11,2-4.

Instrução sobre a celebração eucarística

9. [1] No que concerne à Eucaristia, celebrai-a da seguinte maneira:

[2] Primeiro sobre o cálice, dizendo: Nós te bendizemos (agradecemos), nosso Pai, pela santa vinha de Davi, teu servo, que tu nos revelaste por Jesus, teu servo; a ti, a glória pelos séculos! Amém.

[3] Sobre o pão a ser quebrado: Nós te bendizemos (agradecemos), nosso Pai, pela vida e pelo conhecimento que nos revelaste por Jesus, teu servo; a ti, a glória pelos séculos! Amém.

[4] Da mesma maneira como este pão quebrado primeiro fora semeado sobre as colinas e depois recolhido para tornar-se um, assim das extremidades da terra seja

unida a ti tua igreja (assembleia) em teu reino; pois tua é a glória e o poder pelos séculos! Amém.

[5] Ninguém coma nem beba de vossa Eucaristia, se não estiver batizado em nome do Senhor. Pois a respeito dela disse o Senhor: Não deis as coisas santas aos cães![24]

---

24. Cf. Mt 7,6.

Ação de graças depois da ceia

10. [1] Mas depois de saciados, bendizei (agradecei) da seguinte maneira:

[2] Nós te bendizemos (agradecemos), Pai Santo, por teu santo nome, que tu fizeste habitar em nossos corações, e pelo conhecimento, pela fé e imortalidade que tu nos revelaste por Jesus, teu servo; a ti, a glória pelos séculos. Amém.

[3] Tu, Senhor, Todo-poderoso, criaste todas as coisas para a glória de teu nome e, para o gozo, deste alimento e a bebida aos filhos dos homens, a fim de que eles te bendigam; mas a nós deste uma comida e uma bebida espirituais para a vida eterna por Jesus, teu servo.

[4] Por tudo te agradecemos, pois és poderoso; a ti, a glória pelos séculos. Amém.

[5] Lembra-te, Senhor, de tua Igreja, para livrá-la de todo o mal e aperfeiçoá-la no teu amor; reúne esta igreja santificada dos quatro ventos no teu reino que lhe preparaste, pois teu é o poder e a glória pelos séculos. Amém.

[6] Venha tua graça e passe este mundo! Amém. Hosana à casa de Davi[25]. Venha aquele que é santo! Aquele que não é (santo) faça penitência: Maranatá![26] Amém.

[7] Deixai os profetas bendizer (*celebrar a Eucaristia?*) à vontade.

---

25. Cf. Mt 21,15.
26. Cf. 1Cor 16,22; Ap 22,20.

Da hospitalidade para com os apóstolos e profetas

11. [1] Se, portanto, alguém chegar a vós com instruções conformes com tudo aquilo que acima é dito, recebei-o.

[2] Mas, se aquele que ensina é perverso e expõe outras doutrinas para demolir, não lhe deis atenção; se, porém, ensina para aumentar a justiça e o conhecimento do Senhor, recebei-o como o Senhor.

[3] A respeito dos apóstolos e profetas, fazei conforme as normas (texto grego: dogma) do Evangelho.

[4] Todo o apóstolo que vem a vós seja recebido como o Senhor.

[5] Mas ele não deverá ficar mais que um dia, ou, se necessário, mais outro. Se ele, porém, permanecer três dias é um falso profeta.

⁶ Na sua partida, o apóstolo não leve nada, a não ser o pão necessário até a seguinte estação; se, porém, pedir dinheiro é falso profeta.

⁷ E não coloqueis à prova nem julgueis um profeta em tudo que fala sob inspiração, pois todo pecado será perdoado, mas este pecado não será perdoado[27].

⁸ Nem todo aquele que fala no espírito é profeta, mas só aquele que vive como o Senhor. Na conduta de vida conhecereis, pois, o falso profeta e o (verdadeiro) profeta.

⁹ E todo profeta que manda, sob inspiração, preparar a mesa não deve comer dela; do contrário, é um falso profeta.

¹⁰ Todo profeta que ensina a verdade sem praticá-la é falso profeta.

¹¹ Mas todo profeta provado (e reconhecido) como verdadeiro, representando o mistério cósmico da Igreja, não ensinando, porém, a fazer como ele faz, não seja julgado por vós, pois ele será julgado por Deus. Assim também fizeram os antigos profetas.

¹² O que disser, sob inspiração: dá-me dinheiro ou qualquer outra coisa, não o escuteis; se, porém, pedir para outros necessitados, então ninguém o julgue.

---

27. Cf. Mt 12,31.

Da hospitalidade para com os outros

12. [1] Todo aquele que vem a vós em nome do Senhor, seja acolhido. Depois de o haverdes sondado, sabereis discernir a esquerda da direita (pois tendes juízo).

[2] Se o hóspede for transeunte, ajudai-o quanto possível. Não permaneça convosco senão dois ou, se for necessário, três dias.

[3] Se quiser estabelecer-se convosco, tendo uma profissão, então trabalhe para o seu sustento.

[4] Mas, se ele não tiver profissão, procedei conforme vosso juízo, de modo a não deixar nenhum cristão ocioso entre vós.

[5] Se não quiser conformar-se com isto, é alguém que quer fazer negócios com o cristianismo. Acautelai--vos contra tal gente.

Deveres para com os verdadeiros profetas

13. [1] Todo verdadeiro profeta que quer estabelecer-se entre vós é digno de seu alimento.

[2] Do mesmo modo, também o verdadeiro mestre, como o operário, é digno de seu alimento.

[3] Por isso, tomarás as primícias de todos os produtos da vindima e da eira, dos bois e das ovelhas e darás aos profetas, pois estes são os vossos grandes sacerdotes.

[4] Se vós, porém, não tiverdes profeta, dai-o aos pobres.

[5] Se tu fizeres pão, toma as primícias e dá-as conforme manda a lei.

[6] Do mesmo modo, abrindo uma bilha de vinho ou de óleo, toma as primícias e dá-as aos profetas.

[7] E toma as primícias do dinheiro, das vestes e de todas as posses e, segundo o teu juízo, dá-as conforme a lei.

Santificação do domingo pela Eucaristia

14. [1] Reuni-vos no dia do Senhor para a fração do pão e agradecei (celebrai a Eucaristia), depois de haverdes confessado vossos pecados, para que vosso sacrifício seja puro.

[2] Mas todo aquele que vive em discórdia com o outro não se junte a vós antes de se ter reconciliado, a fim de que vosso sacrifício não seja profanado[28].

[3] Com efeito, deste sacrifício disse o Senhor: Em todo o lugar e em todo o tempo se me oferece um sacrifício puro, porque sou um grande rei – diz o Senhor – e o meu nome é admirável entre todos os povos[29].

---

28. Cf. Mt 5,23-24.
29. Cf. Ml 1,11.14.

Eleição dos bispos e diáconos

15. [1] Escolhei-vos, pois, bispos e diáconos dignos do Senhor, homens dóceis, desprendidos (altruístas), verazes e firmes, pois eles também exercerão entre vós a liturgia dos profetas e doutores (mestres).

[2] Não os desprezeis, porque eles são da mesma dignidade entre vós como os profetas e doutores.

[3] Repreendei-vos mutuamente uns aos outros, não com ódio, mas na paz, como tendes no Evangelho. E ninguém fale com (todo) aquele que ofendeu o outro (próximo), nem o escute até que ele se tenha arrependido.

[4] Fazei vossas preces, esmolas e todas as vossas ações como vós tendes no Evangelho de Nosso Senhor.

Parusia do Senhor

16. [1] Vigiai sobre vossa vida. Não deixeis apagar vossas lâmpadas nem solteis o cinto de vossos rins, mas estai preparados, pois não sabeis a hora na qual Nosso Senhor vem[30].

[2] Reuni-vos frequentemente para procurar a salvação de vossas almas, pois todo o tempo de vossa fé não vos servirá de nada se no último momento não vos tiverdes tornado perfeitos.

[3] Com efeito, nos últimos dias se multiplicarão os falsos profetas e os corruptores; as ovelhas se transformarão em lobos e o amor em ódio[31].

---

30. Cf. Mt 24,42-44; 25,13; Lc 12,35.
31. Cf. Mt 24,10-13; 7,15.

⁴ Com o aumento da iniquidade, os homens se odiarão, se perseguirão e se trairão mutuamente e então aparecerá o sedutor do mundo como se fosse o filho de Deus. Ele fará milagres e prodígios e a terra será entregue em suas mãos e ele cometerá tais crimes como jamais se viu desde o começo do mundo[32].

⁵ Então toda criatura humana passará pela prova de fogo e muitos se escandalizarão e perecerão. Mas aqueles que permanecerem firmes na sua fé serão salvos por aquele que os outros amaldiçoam (pelo amaldiçoado)[33].

⁶ Aparecerão os sinais da verdade: primeiro o sinal da abertura do céu, depois o sinal do som da trombeta e, em terceiro lugar, a ressurreição dos mortos[34]:

⁷ mas não de todos, segundo a palavra da escritura: O Senhor virá e todos os santos com Ele.

⁸ Então verá o mundo a vinda do Senhor sobre as nuvens do céu[35].

---

32. Cf. Mt 24,24; 2Ts 2,4.9.
33. Cf. Mt 24,10.13.
34. Cf. Mt 24,31; 1Cor 15,52; 1Ts 4,16.
35. Cf. Mt 24,30; 26,64.

COMENTÁRIO

1
Os dois caminhos

O esquema literário dos dois caminhos já se encontra na literatura grega da Antiguidade, em Hesíodo e no sofista Pródico, contemporâneo a Sócrates. O Antigo Testamento fala muitas vezes do caminho: dos caminhos de Deus, dos caminhos dos homens. Poucas vezes fala do esquema dos dois caminhos[1]. Na literatura judaica mais recente, também encontramos o esquema dos dois caminhos para o catálogo das virtudes e dos vícios. Assim, por exemplo, encontramos um texto semelhante ao nosso no *Manual de disciplina* da comunidade dos "essênios" de Qumrã[2]. Aliás, bem poderia ser que

---

1. Cf. Jr 21,8; Dt 5,32s.; 11,26-28; Ecl 15,15-17; Sl 1,6.
2. Cf. 1 QS IV 2,14.

o dualismo acentuado (luz-trevas) da comunidade de Qumrá se explique antes por influências vindas do Irã que por um desenvolvimento do Antigo Testamento.

O Novo Testamento não usa do esquema dos dois caminhos. Somente Mateus faz exceção[3]. Mas na literatura dos Padres Apostólicos o esquema da Did 1-6 aparece mais vezes, como por exemplo na carta de Barnabé (cap. 14-18).

Did 1,3-5, que talvez seja uma interpolação posterior, não deixa duvidar de sua origem cristã. Deve ser comparado com o texto do sermão da montanha[4]. Até hoje não foi esclarecido de maneira convincente se a formulação da doutrina dos dois caminhos da Did 1-6 é de origem judaica ou judeu-cristã. Há argumentos contra os que afirmam ser de origem judaica porque lhe faltam leis de caráter especificamente judaico. Em nosso texto há também passagens tipicamente cristãs (p. ex., 3,7; 4,2.10)[5], em vista das quais já houve quem declarasse Did 1-6 "uma concepção originariamente cristã". Nós deixamos a questão aberta.

Did 1,3 é uma formulação livre de Mt 5,44s. Mt diz: "Amai os vossos inimigos e orai pelos que vos perseguem, para que vos torneis filhos do vosso Pai celeste, porque

---

3. Cf. Mt 7,13-14.
4. Cf. Mt 5,39-48.
5. Cf. Did 3,7 com Mt 5,5.

Ele faz nascer o seu sol sobre maus e bons, e vir chuva sobre justos e injustos. Porque, se amardes os que vos amam, que recompensa tendes? Não fazem os publicanos o mesmo? E se saudardes somente os vossos irmãos, que fazeis de mais? Não fazem os gentios também o mesmo?"

Para o cristão, não vale o princípio *olho por olho e dente por dente*, um princípio conhecido na Antiguidade desde Babilônia até Roma. No AT, também encontramos seus vestígios (Lv 24,19). Este princípio fundamenta-se no *ius talionis* (direito de talião), que permite uma vingança adequada, isto é, correspondente ao mal feito.

Jesus ensina a superar o mal pelo bem, mandando amar também os inimigos. E isto é novo. O AT manda amar o próximo, isto é, o israelita e o estrangeiro residente na terra de Israel. Israel conhecia a hospitalidade. Israel vivera como estrangeiro no Egito e fizera uma dura experiência. Por isso, depois, tinha compaixão dos estrangeiros. Mas aos poucos os judeus foram estreitando sempre mais a interpretação dessa lei, distinguindo os estrangeiros dispostos a se tornar prosélitos, dos outros. Só os primeiros eram considerados como próximos. Os últimos eram tidos como gentios. Jesus, ao contrário, não faz tais distinções. Manda rezar pelos inimigos, pois o amor cristão não deverá excluir ninguém. Nisto manifesta sua força renovadora. Lucas diz:

"Abençoai os que vos amaldiçoam" (6,28). A bênção é mais forte que a maldição. Jesus come e bebe na comunidade dos publicanos, das prostitutas e dos pecadores. Neste mesmo sentido diz: "Se alguém te bater na face direita, dá-lhe também a outra". Para um judeu a batida na face era ignominiosa. Mas Jesus ensina a renunciar à vingança e dá o exemplo. Diz ainda: "Se alguém exigir tua túnica, dá-lhe também a capa". Trata-se de uma regra judaica, pois entre os judeus não se devia exigir o manto do devedor, porque este durante a noite – as noites podem ser frias na Palestina – podia servir de cobertor. Mas Jesus ensina o mandamento do amor de maneira radical.

2
Dos deveres para com a vida e a propriedade do próximo

Diante de nosso texto, surge a pergunta: É sua estrutura a mesma que a do decálogo? (Ex 20) Deverá ser interpretado à luz do AT e da literatura judaica contemporânea ou à luz do sermão da montanha? A articulação teológica deixa transparecer aquela estrutura de consciência mais ou menos generalizada no judaísmo contemporâneo a Jesus, procurando a justiça na lei? Esta é uma opinião muito comum.

Os motivos permanecem muito generalizados e podem encontrar-se todos eles nos dois grandes mandamentos do capítulo anterior: "Primeiro amarás a Deus, que te fez, e depois a teu próximo como a ti mesmo"

(Did 1,2). Mas logo caem em vista certas omissóes referentes a leis típicas do judaísmo. Náo se menciona, por exemplo, nada sobre o uso de imagens no culto, nada sobre o abuso do nome de Deus, sobre a santificação do sábado etc. Também náo faltam indícios de que se poderia tratar de uma catequese cristã para catecúmenos judeus. Vejamos, por exemplo, a *hipocrisia* (Did 2,6; 4,12; 5,1) que no NT é alvo das críticas mais veementes. O capítulo 23 de Mt é a condenação mais radical da hipocrisia.

Na linguagem teatral dos gregos, *hipócrita* é o autor que exerce um papel fingido, isto é, serve-se de uma máscara. Ora, Jesus prefere os pecadores, as prostitutas e os publicanos sinceros e convertidos aos que se ocultam atrás de uma máscara perante Deus, perante os outros homens e perante eles mesmos. Por isso Mt pronuncia os "ais" contra os fariseus e escribas hipócritas. Aparentemente se fingem piedosos e indicam a outros o reto caminho que eles mesmos não conhecem. Mt 15,8 dá uma definição da hipocrisia: "Este povo honra-me com os lábios, mas o seu coração está longe de mim". A hipocrisia não deve ser confundida com a mentira. Pode alguém ser hipócrita sem ser mentiroso e vice-versa. Jesus exige o amor não só em *atos* isolados e externos, mas numa *atitude* interior e profunda que engaja a pessoa toda em todo o seu agir e pensar. Toca no cerne da pessoa humana. O cristão deve estar radicalmente à disposição de Deus, estando à disposição e a serviço do próximo. Seu pensamento e suas palavras devem estar isentos de toda a espécie de ambiguidades. As palavras do cristão devem estar cheias de sinceridade e seriedade. Não devem ser vãs. Jesus critica a mentalidade legalista, que se prende à letra morta das leis, porque lhe falta a realidade interior do coração. Tal legalismo preocupa-se apenas com a correção externa e aparente. Esta interpretação judaica pode parecer a menos adequada de nosso texto.

3
Advertências contra a paixão e a idolatria

Nosso texto repete uma série de interdições já conhecidas em Israel[6]. Mas também não se poderá negar certa semelhança terminológica com Paulo na Carta aos Gálatas, quando fala da paixão como obra da carne[7]. A adivinhação e a magia sempre aparecem como aliadas naturais do homem, particularmente na consciência popular.

Did 3,7 relembra o sermão da montanha: "Bem-aventurados os mansos, porque possuirão a terra"[8]. O evangelista Mateus fala da mansidão e lhe dá funda-

---

6. Cf. Ex 20,13-17; Dt 5,17-21.
7. Cf. Gl 5,19s.
8. Cf. Mt 5,5; Sl 37,11.

mento cristológico. À primeira vista poderá parecer que Mateus apenas se refira a uma simples atitude social na convivência humana. Contudo não é bem assim, se considerarmos mais atentamente o contexto todo.

Jesus é manso e humilde de coração porque renuncia ao poder deste mundo, ao messianismo político, sujeitando-se à força externa e cruel. Sua mansidão radica-se na sua união íntima com o Pai. Sua única vontade é fazer a vontade do Pai. Promete a posse da terra aos mansos, não aos orgulhosos; aos pobres, não aos ricos. Mas o reino que promete não é deste mundo. *Herdar a terra* é uma expressão muito antiga, significando chegar ao término, à meta. A terra de Canaã é o símbolo do reino de Deus. Canaã é a terra prometida a Israel no deserto. Fora profanada pela idolatria apóstata do povo eleito. Deus, então, permitiria que os babilônios a dominassem temporariamente, devolvendo-a depois aos israelitas. Mas, em toda a história, quase quatro vezes milenar, nunca chegou a ser uma posse segura nas mãos dos judeus. Na catástrofe do ano 70, por exemplo, os romanos conquistaram a terra de Canaã e dominaram seu povo.

4
É melhor dar que receber. Deveres do senhor e dos escravos

Nosso texto revela grande interesse pelos pobres e indigentes, o que corresponde a um apelo autêntico do Evangelho de Jesus Cristo. A existência de cada cristão e de cada comunidade deve estar ligada intimamente ao conceito de responsabilidade social. O crente participa da sorte dos indigentes, pois algum dia também ele reconhecerá quem é o verdadeiro dispensador da recompensa. O amor deve frutificar em obras concretas. Entre as obras, existe certa escala: a oração, o jejum e a esmola. As esmolas são verdadeira penitência, a reparação pelos pecados (4,6).

O conceito dos santos (4,2) na Igreja primeva ainda não era tão estreito como em nossos dias. Hoje serve quase exclusivamente para significar determinado grupo de homens que, em sua vida, salientaram por virtudes excepcionais. Mas, como no-lo ensinam também as cartas paulinas, originariamente santo era o predicado para todos os membros da comunidade eclesial, isto é, para todos os batizados e crismados na fé, que testemunham o amor de Deus em Jesus para com os pobres e necessitados na esperança da parusia. A Igreja é santa, porque é a comunidade da gente pequena, dos pobres e oprimidos, aos quais Jesus prometeu a bem-aventurança do reino dos céus. A Igreja não é santa por causa de sua pompa ostensiva (ou porque a cúpula da basílica de São Pedro, em Roma, é grande), mas porque na sua comunidade vivem homens e mulheres que servem a Deus, servindo ao próximo; homens que procuram os indigentes para com eles repartir o que têm.

A Igreja primeva tomou o partido dos marginais da sociedade, dos pobres, dos fracos e oprimidos de uma maneira inequívoca. O Profeta Isaías já anunciara o Messias como o enviado para levar a mensagem da boa-nova aos pobres (Is 61,1s.). Pobres há em toda a parte e sempre houve. Para Israel, a pobreza cedo se tornara um problema religioso. Primeiro, os pobres em Israel eram menosprezados. Os pobres da cidade dependiam das migalhas que caíam da mesa dos ricos, que os exploravam e escravizavam. Os ricos zombavam dos pobres e até os perseguiam. Os pobres eram vítimas da injustiça dos ricos. Esperavam a justiça de Deus no dia do juízo.

A riqueza, muitas vezes, era considerada como sinal da bênção de Deus. Só aos poucos Israel aprendeu que os pobres podem eventualmente viver mais perto de Deus. Os salmos cantam, então, o pobre como o predileto do Senhor. Pobres são os desprendidos dos bens da terra, dispostos a dar o pouco que têm, os inteiramente livres para Deus. A pobreza bíblica não é tanto um ideal quanto uma atitude fundamental do homem perante Deus, uma atitude de sujeição, pois o pobre sabe que, diante de Deus, todo homem é um mendigo. Bem-aventurados os misericordiosos nesta terra, porque eles alcançarão misericórdia.

Na carta a Filêmon, Paulo, ciente do "amor e da fé que tem para com o Senhor Jesus e todos os santos" (Filêmon 5), testemunha, de maneira cordial, sua preocupação para com o escravo fugitivo Onésimo, chamando-o "meu filho", "o meu próprio coração". Paulo pede que Filêmon receba o escravo fugitivo como seu "irmão". Com isto Paulo ensina a superar o mal da escravidão pela fraternidade cristã. Até já se disse que a carta a Filêmon foi o primeiro manifesto da abolição da escravatura, apelando não à violência física, mas ao amor cristão, fundamentado no amor de Deus. Did 5,2 diz que os "sem compaixão dos pobres, sem cuidado para com os necessitados, desprezadores dos indigentes, opressores dos aflitos, os defensores dos ricos, os juízes iníquos dos pecadores" se encontram no caminho da morte. O Evangelho não revoluciona tanto a partir das estruturas sociais externas quanto a partir do espírito e dos corações.

Em nosso texto ainda cai em vista a *confissão* dos pecados em assembleia, para não rezar com má consciência.

5
Do caminho da morte

Nosso capítulo trata de uma lista ou de um catálogo de pecados e vícios. Cada nome oculta todo um estado de consciência. Para compreender melhor o sentido geral do tipo de descrição do *caminho da morte*, convém ler Dt 27,14-26; 28,16-19 e comparar com Rm 1,18-32.

Notamos, entretanto, uma grande diferença entre o Deuteronômio e nossa instrução sobre os dois caminhos. Aqui não se trata da esperança do povo, mas do indivíduo, depositário do engajamento. Para a escolha entre o *caminho da vida* e o *caminho da morte*, entre *bênção* e *maldição*, nosso texto apela mais para a decisão e a responsabilidade individuais. Em nossa lista faltam interdições de caráter tipicamente judaico, como por exemplo Dt 27,15: "Maldito o homem que fizer imagem, de escultura ou de fundição, abominável ao Senhor, obra de artífice, e a puser em lugar oculto". Será, então, possível ver um paralelo entre o caminho da vida e da morte, como é apresentado na Did 1-6, com o que Paulo diz em Gl 5,19s., quando fala das obras do espírito e da carne?

6
Perfeito é quem aceita o jugo do Senhor

A instrução sobre os dois caminhos termina com advertência contra eventuais perversões do ensinamento recebido. Semelhantes advertências também encontramos no Novo Testamento. Gl 1,6-9, por exemplo, diz: "Admira-me que estejais passando tão depressa, daquele que vos chamou na graça de Cristo, para outro evangelho; o qual não é outro, senão que há alguns que vos perturbam e querem perverter o Evangelho de Cristo. Mas ainda que nós, ou mesmo um anjo do céu, vos pregue evangelho que vá além do que vos temos pregado, seja anátema. Assim como já dissemos, e agora repito, se alguém vos prega outro evangelho que aquele que recebestes, seja anátema".

Do ponto de vista da composição, poder-se-á observar certa correspondência entre o começo e o fim (Did 1,2-3 e 6,1). Em nosso texto, notamos também certa orientação escatológica: se aceitares o jugo... serás perfeito. Isso era comum naquele tempo.

Pode-se ver, também, a tendência de delimitar o cristianismo em relação com o judaísmo e o paganismo. Bastaria considerar as proibições de certos alimentos, proibições estas que quase todos os povos da Antiguidade conheciam de uma ou de outra forma. O AT conhece uma série de tais proibições, motivando-as de diversas maneiras. Proíbe, por exemplo, que se coma sangue[9], porque nele se situa a alma, considerada como o centro da vida[10]. Daí segue então todo um ritual prescrevendo os pormenores de como deixar sangrar os animais mortos[11], para evitar que com a carne se coma o sangue[12].

Se considerarmos o versículo 6,2 até poderemos ter a impressão de que desapareceu aquela seriedade do *sermão da montanha*. A norma é: *Tudo é permitido*. A comunidade cristã primeva testemunha a liberdade em relação às leis de purificação ritual. Essa orientação se parece com a de Paulo: "Todas as coisas me são lícitas, mas nem

---

9. Cf. Lv 7,26s.; 17,10s.
10. Cf. Lv 17,11.14; Dt 12,23.
11. Cf. Lv 17,13.
12. Cf. Lv 19,26.

todas convêm. Todas as coisas me são lícitas, mas eu não me deixarei dominar por nenhuma delas. Os alimentos são para o estômago, e o estômago para os alimentos...". "Comei de tudo que se vende no mercado, sem nada perguntardes por motivo de consciência; porque do Senhor é a terra e a sua plenitude. Se alguém dentre os incrédulos vos convidar, e quiserdes ir, comei de tudo o que for posto diante de vós, sem nada perguntardes por motivo de consciência. Porém, se alguém vos disser: Isto é coisa sacrificada a ídolo, não comais, por causa daquele que vos advertiu, e por causa da consciência; consciência, digo, não a tua propriamente, mas a do outro"[13]. Desta maneira, no concernente à alimentação ou ao jejum, cada qual é livre. Mas, na prática, se excluem as carnes oferecidas aos ídolos, obedecendo, sem mencionar, à decisão que já fora encontrada em Jerusalém: "Que vos abstenhais das coisas sacrificadas a ídolos, bem como do sangue, da carne de animais sufocados e da incontinência; destas coisas fareis bem se vos guardardes"[14]. A razão de tal procedimento é que na prática as carnes dos sacrifícios são inseparáveis do culto aos *deuses mortos*. Por isso, seria uma conduta inconveniente, se delas comesse quem crê no *Deus vivo*.

---

13. Cf. 1Cor 6,12-13 e 10,25-29; Cl 2,20-23.
14. Cf. At 15,29.

7
Instrução sobre o batismo

Aqui nos confrontamos com um dos testemunhos mais antigos sobre o rito batismal cristão. Revela, ao mesmo tempo, simplicidade e liberdade de forma. Nosso texto menciona o jejum como preparação ao batismo, mas não alude à remissão dos pecados. À luz do NT, o banho na água é símbolo da regeneração espiritual, da morte do homem velho e nascimento do homem novo em Cristo.

A partir do simbolismo neotestamentário, alguns exegetas querem deduzir a prática do batismo por imersão[15]. Mas nosso autor nos dá pouca clareza sobre este detalhe. Refere-se, isto sim, a um banho em água corrente.

---

15. Cf. Rm 6,4; Cl 2,12; 1Pd 3,20.

Se a comunidade cristã primeva conhecia a prática por imersão, ela terá desaparecido quando foram introduzidos os batistérios e, talvez, em vista do batismo de crianças e doentes. Os outros ritos, que hoje acompanham o batismo, veste e vela – provavelmente também a unção e a imposição das mãos –, foram introduzidos posteriormente.

A fórmula (profissão de fé) empregada é a trinitária (7,1). Mas também sabemos que, apesar de Mt 28,19, essa não era a única em vigor na Igreja primeva. O próprio NT conhece uma fórmula cristológica além da trinitária. Os Atos dos Apóstolos falam do batismo "em nome do (Senhor) Jesus Cristo"[16]. E essa também é mencionada em Did 9,5. E isto é bem compreensível à luz da teologia neotestamentária, pois o batismo torna o crente membro de Cristo, inserido n'Ele[17]. Não foi sem grandes lutas que a fórmula cristológica teve que ceder sempre mais lugar à trinitária. Ainda a 13 de novembro de 866 o Papa Nicolau I, respondendo a uma consulta dos búlgaros, diz que tanto os que foram batizados "em nome da santa Trindade" como os (judeus) que só o foram "em nome de Cristo, como lemos nos Atos dos Apóstolos (2,38 e 19,5), são batizados e não deverão ser

---

16. Cf. At 2,38; 8,16; 10,48; 19,5.
17. Cf. 1Cor 1,13; 3,23; 15,23; Gl 3,27s.; 5,24.

batizados outra vez"[18]. Diz Santo Ambrósio que é um e o mesmo batismo[19]. Hoje nossos catecismos em geral só conhecem a fórmula trinitária.

A Sagrada Escritura não nos diz nada sobre o batismo dos apóstolos. Em 1Cor 12,13 Paulo, todavia, parece supor que o batismo de todos os cristãos é coisa evidente. Aos poucos, introduziu-se um tempo de catequese, de ascese e oração em preparação ao batismo. Na catequese se expunham as verdades fundamentais da fé a serem professadas (credos) por ocasião do batismo.

Nossa Instrução não determina de maneira restritiva o ministro do batismo.

---

18. Denzinger-Schönmetzer, n. 646 (Dz 335).
19. *De Spiritu Sancto* 1,3,42; Migne Pl 16,714.

8
Sobre o jejum e a oração

Oração e jejum são dois conceitos que no Novo Testamento estão ligados intimamente um ao outro[20]. A prática do jejum tem suas raízes no AT. Os judeus conheciam uma prática severa do jejum. Não deviam comer nem beber do nascer ao pôr do sol. Em tempos normais, a lei mosaica prescrevia um dia de jejum ao ano, no dia da reconciliação. Havia também o jejum como devoção pessoal ou em tempos de crise, de guerras etc. O jejum individual era um ato livre de reparação e penitência.

Israel jejuava, os essênios de Qumrã jejuavam, João Batista e seus discípulos jejuavam. O NT nos diz que os fariseus jejuavam até duas vezes por semana[21]. Mas a

---

20. Cf. Mt 17,21; Mc 9,29; Lc 2,37; 1Cor 7,5.
21. Cf. Lc 18,12.

prática vigente atendia unilateralmente às formalidades externas, deturpando o sentido originário do jejum: concentrar-se melhor em Deus.

Jesus também jejuou quarenta dias no deserto, e provavelmente nos dias prescritos pela lei mosaica. Mas Jesus colocou esta prática além das formalidades externas. E isto serviu de escândalo: "Veio o Filho do Homem, que come e bebe, e dizem: Eis aí um glutão e bebedor de vinho, amigo de publicanos e pecadores"[22]. Os discípulos de João Batista e os fariseus se escandalizaram porque os discípulos de Jesus não jejuavam. E Jesus lhes disse: "Podem, porventura, jejuar os convidados para o casamento, enquanto o noivo está com eles? Durante o tempo em que estiver presente o noivo, não podem jejuar"[23]. Esta resposta significa que, enquanto Jesus permanecer entre os seus, não tem sentido que eles jejuem, pois começou o grande tempo da salvação. Em Jesus está presente o reino de Deus no mundo. Mas virá também o tempo em que o noivo se retirará[24]. Então, também os discípulos de Jesus jejuarão.

A crítica de Jesus não se volta contra a prática do jejum como tal, mas contra o perigo do formalismo, do orgulho e da ostentação hipócrita do jejum praticado "para

---

22. Cf. Mt 11,19.
23. Mc 2,19.
24. Mc 2,20.

ser visto pelos homens"[25]. Jejum deve ser um sinal de conversão interior do homem para Deus. Não deve ser apenas fingimento externo. A conversão pessoal para Deus está ligada à alegria. Com alegria o pai recebe o filho pródigo. Quando o homem se converte interiormente, Deus se alegra, como a mulher que achou a dracma perdida ou como o pastor que reencontra a ovelha perdida[26]. Não deveria também nosso jejum, nossa conversão para Deus, apresentar um sinal de alegria?

Em matéria de jejum, a Igreja apostólica conservou os costumes mosaicos até certo ponto, interpretando-os no espírito de Jesus. Nosso texto já mostra uma divergência no que concerne aos dias da semana. Talvez, nos tempos apostólicos, a liberdade neste ponto tenha sido uma característica cristã, pois parece que até o século III se jejuava "ex arbitrio, non ex imperio"[27].

Nosso texto não explica por que os cristãos escolhiam a quarta e a sexta-feira para o jejum. Só para se distinguirem dos judeus? Interpretações posteriores justificam o jejum da sexta-feira como preparação ao domingo, em que se comemora a ressurreição de Jesus. A sexta-feira era o dia de sua Paixão e Morte. Quando, mais tarde, se introduziu a festa anual da Páscoa, essa

---

25. Cf. Mt 6,16.
26. Cf. Lc 15,1-9.
27. Cf. Tertuliano, *De jejunio* 2.

também foi precedida por um tempo de jejum. Já por meados do século III, no Ocidente, se estendia o jejum a toda a semana santa. O Cânon 5 do Concílio Ecumênico de Niceia (325) já conhece a quaresma (quarenta dias) de jejum como tempo de preparação à Páscoa.

A prática do jejum estava estreitamente ligada à oração, pois jejum e oração devem ser sinais de nossa conversão interior, não hipocrisia. Nosso texto fala da oração do Senhor, do *Pai-nosso*, na versão de São Mateus. Lucas tem uma versão mais curta[28]. Nosso texto acrescenta uma doxologia, como ainda hoje é conhecida entre ortodoxos e luteranos, e, há pouco tempo, reintroduzida para os católicos de língua alemã, quando rezam o Pai-nosso fora da missa.

A prescrição de rezar o Pai-nosso três vezes ao dia parece referir-se à oração particular ou familiar, não à oração em assembleia litúrgica. Tal prática nos mostra como a oração do Senhor logo se tornou a oração predileta da Cristandade, centro da piedade e da vida dos cristãos. Por isso se compreende que, bem cedo, foi introduzido no fim da celebração eucarística. O costume atual do rito latino, de recitá-lo antes da comunhão, remonta a Gregório Magno (ca. 600).

---

28. Cf. Mt 6,9-13 e Lc 11,2-4.

9
Instrução sobre a celebração eucarística

Será muito difícil interpretar a Eucaristia a partir dos capítulos 9 e 10 da Didaqué. Será esta a forma originária do sacramento? – Pouco provável. Será uma anáfora ou simples sequência de orações pronunciadas durante uma ação santa? É o capítulo 10 repetição do anterior? Trata-se de uma forma intermediária entre a Eucaristia judaica e a cristã clássica?

Os capítulos 9 e 10 são um texto obscuro para nós, pois será difícil discernir se de fato se trata de uma ação santa da Igreja ou de um simples ágape com oração. Parece provável que no capítulo 9 temos um ágape, isto é, refeição fraterna que, neste caso, precedia a Eucaristia propriamente dita (cap. 10).

Precisamos considerar o contexto desses dois capítulos. O capítulo 7 trata do batismo; o capítulo 8 do jejum e da oração (Pai-nosso). Isto parece indicar que, ao menos no capítulo 10, o autor se refere a uma Eucaristia sacramental. Então o texto teria sido redigido depois da separação do ágape judaico, da Eucaristia, propriamente dita. Assim também se compreenderia por que primeiro se faz a ação de graças sobre o cálice (9,2), pois o rito da páscoa judaica ou da ceia solene previa geralmente a bênção de três cálices. O terceiro, no qual se misturava água com vinho – razão por que até hoje misturamos água com o vinho na celebração eucarística – era chamado o cálice da bênção. Nosso Senhor usara este cálice para a consagração, isto é, para entregar seu sangue aos apóstolos[29]. Lc 22,17 menciona também um dos primeiros cálices, os quais precediam o cálice da bênção propriamente dita.

O Novo Testamento já nos indica certa diversidade de formas na prática de celebração eucarística. Para verificar isto, bastaria comparar simplesmente os textos paulinos com os sinóticos. Na literatura patrística dos primeiros séculos, ainda não encontramos textos em forma de tratados teológicos sobre a Eucaristia. O que aí encontramos apresenta um caráter ocasional. As fontes

---

29. Cf. 1Cor 10,16.

mais importantes para um estudo da celebração eucarística nos primeiros séculos da Cristandade são, por isso, os textos litúrgicos, orações, hinos e rituais do culto cristão, manuais de disciplina, sermões e catequese, onde, evidentemente, é difícil distinguir o aspecto dogmático do que é do gênero literário da liturgia. Certo é que a ceia eucarística e a proclamação da palavra constituíam o centro das comunidades cristãs desde o começo. As comunidades judaicas neocristãs primeiro continuavam a frequentar o templo e a sinagoga (liturgia da palavra) aos sábados e aos domingos (à noite) celebravam a Eucaristia nas casas familiares (precedida ou seguida do ágape). Aos poucos começaram as reflexões teológicas.

Não é exato dizer que a Eucaristia é simplesmente um banquete, uma ceia. Isto ela nunca foi. Ela tem caráter de ceia e originariamente fez parte de uma ceia. A forma externa da celebração eucarística desenvolveu-se em fases sucessivas:

a) Última ceia de Jesus: *bênção ou consagração do pão*, depois *ágape* e no fim a *bênção ou consagração do cálice*[30].

b) No tempo apostólico: ágape, seguido da Eucaristia, isto é, da bênção sobre o pão e o cálice[31].

---

30. Cf. 1Cor 11,23-26.
31. Cf. Mc 14,22-24(?); Did 9?

c) Depois ágape e Eucaristia separam-se completamente.

Em 1Cor 11,17s., Paulo ainda testemunha como a celebração eucarística, também em Corinto, estava ligada ao ágape, repreendendo os coríntios por causa do mau comportamento na mesma. Mas o ágape foi separado cedo da Eucaristia propriamente dita.

O texto da Didaqué já fala de alimento e bebida espirituais, acentuando o aspecto escatológico da ceia e a ação de graças. Na Igreja primeva, "fração do pão" podia significar a ceia eucarística[32].

Cedo notamos a convicção de que se devem proteger os sacramentos contra profanadores (*disciplina arcani*) e que só os verdadeiros membros da comunidade devem participar dos mesmos, pois nesta participação se manifesta o ser membro da *ecclesia*. Só os batizados (em nome do Senhor) são admitidos à mesa eucarística, e quem vive em discórdia com seu irmão primeiro faça a penitência e se reconcilie com ele (10,6; 14,2). Parece também que uma confissão geral (origem do *Confiteor?*) acompanhava a celebração da Eucaristia (14,1), à qual provavelmente Did 4,14 já se refere.

---

32. Esta é talvez uma interpretação plausível de At 2,42.46; 20,7.11; 27,35.

10
Ação de graças depois da ceia

Nos capítulos 9 e 10 da Didaqué encontramos a palavra Eucaristia para – com muita probabilidade – significar a ceia sacramental, em memória da ceia de Jesus Cristo na noite antes de sua paixão. Não há, contudo, referência direta à última ceia de Jesus. A base neotestamentária para este significado é o verbo *eucharistein* (bendizer, dar graças), a bênção de Jesus sobre o pão e o cálice. Esta oração *eucarística*, em agradecimento a Deus pela sua obra salvífica no mundo e no homem, mais tarde deu origem ao cânon da missa. A Igreja primeva certamente preferira a palavra *eucaristia* a *eulogia* (menos usada), por causa de sua riqueza de expressão, pois *eu-charistein* contém o termo (*charis*), significando simultaneamente atividade e doação. No responsório também pode significar o reconhecimento pela graça.

Ora, sendo que as palavras sobre o pão e o cálice significam, na ação litúrgica, a pessoa, a morte e a ressurreição de Jesus Cristo, a oração sobre a oferta (*cânon*) desde o século II também foi chamada *eucaristia*. Até é bem provável que Did 9,5 emprega a palavra eucaristia para significar as ofertas consagradas do corpo e do sangue do Senhor.

O *Amém*, que se conservou em nossas orações litúrgicas até hoje, é de herança judaica. Esclarece que as palavras pronunciadas pelo outro também valem para mim. Na liturgia e, sobretudo, no fim das doxologias, é dito como resposta do povo em louvor de Deus, tal como já era uso nas tradições da sinagoga. É um *sim* confirmativo da assembleia. Como aclamação litúrgica da comunidade cristã, já o encontramos em 1Cor 14,16, Ap 5,14; como parte de uma oração de louvor a Deus, em Rm 15,33, Gl 6,18. Pode, outrossim, significar o *sim* da Igreja ou da comunidade eclesial reunida em assembleia à pessoa de Jesus Cristo. Daí se compreende a insistência com que os padres nos primeiros séculos do cristianismo não se cansam de explicar e insistir no *Amém*. No entender de muitos padres, essa era a aclamação litúrgica mais importante, particularmente no fim da *eucaristia*.

Em nosso capítulo encontramos outra fórmula litúrgica de origem aramaica, igualmente não traduzida para o grego: maranatá. Originária da Palestina, passou às comunidades cristãs do meio cultural grego[33]. Pode significar *nosso Senhor veio* ou *vem, nosso Senhor!* Consequentemente, ou teria sido a fórmula de uma profissão de fé em Nosso Senhor Jesus presente na ceia, ou – o que em vista de Ap 22,20 parece mais provável – uma oração petitória para apressar a parusia do Senhor[34]. Talvez isto explique melhor o significado do título *Kyrios* (Senhor) no culto cristão. Neste caso, não é criação helenística.

Ademais, nosso texto manifesta influências gnósticas. Falta-lhe a narração da instituição eucarística propriamente dita. Os Atos dos Apóstolos *apócrifos*[35] têm

---

33. Cf. 1Cor 16,22.
34. Cf. tb. 1Cor 11,26.
35. Apócrifos são livros secretos de várias "seitas" mais ou menos esotéricas, de cuja autenticidade se duvidava e cuja leitura era reservada a iniciados. Trata-se de todo um *gênero de literatura* religiosa, cuja origem é atribuída a personagens importantes da Bíblia para lhes garantir maior autoridade. Entre os antigos padres da Igreja, o sentido deste termo ainda é bastante vago, indicando ora livros de origem incerta, intencionalmente atribuídos a patriarcas, profetas e apóstolos, ora livros que, pelas suas falsidades, não eram admitidos para a leitura pública nas igrejas, embora se pretendesse introduzi-los. Só a partir do século IV, com a fixação do *cânon* das Sagradas Escrituras, também foi precisada mais a noção dos escritos apócrifos. Há apócrifos do Antigo Testamento e do Novo Testamento. Alguns apócrifos do Novo Testa-

textos gnósticos semelhantes, se bem que sejam de data mais recente.

---

mento: a) *Evangelhos:* Evangelho segundo os hebreus, Ev. dos 12 Apóstolos; b) *Atos*: Atos de Pedro, no qual se narra, por exemplo, o episódio do *Quo Vadis* e a morte do apóstolo, crucificado de cabeça para baixo. Atos de João, Atos de Paulo etc.; c) *Episódios*: Carta de Nosso Senhor a Abgar, rei de Edessa etc.; d) *Apocalipses*: Apocalipse de Pedro, Apocalipse de Paulo etc.

11
Da hospitalidade para com os apóstolos e profetas

No seio da comunidade cristã primeva homens carismáticos, isto é, proféticos, eram tidos em grande estima. No Novo Testamento são mencionados muitas vezes com os apóstolos. Mt 23,34 certamente se refere a profetas cristãos: "Por isso eu vos envio profetas, sábios e escribas..." Na carta aos Efésios diz o autor: "edificados sobre o fundamento dos apóstolos e profetas, tendo Jesus Cristo como pedra angular"[36]. Paulo dá certa preferência do dom da profecia[37]. Os Atos dos

---

36. Cf. Ef 2,20.
37. Cf. 1Cor 14,1s.

Apóstolos dizem expressamente que os profetas Barnabé e Silas ocupavam posição de destaque na comunidade de Jerusalém[38]. Até parece que, nos tempos apostólicos, cada comunidade de fiéis contava com profetas[39]. Talvez At 15,32 se refira a profetas peregrinos. Paulo e os Atos dos Apóstolos também falam de mulheres com o dom da profecia[40].

Cedo surgiu o problema do discernimento entre falsos e verdadeiros profetas. Os sinóticos advertem continuamente contra os falsos profetas, supondo, evidentemente, a existência de verdadeiros. Na carta aos Romanos, Paulo dá como critério de discernimento "a analogia da fé"[41], e na primeira carta de João é a profissão de fé em Cristo[42]. A Didaqué diz que um profeta deve viver à maneira do Senhor. Apesar dos pseudoprofetas aos quais as comunidades primevas se veem expostas, os profetas não poderão ser julgados quando falam sob inspiração. A Didaqué dá como regra de discernimento a concordância entre a doutrina que ensinam e sua conduta de vida, pois pelos frutos se conhece a qualidade da árvore. Quem não faz aquilo que ensina a outros é mau pro-

---

38. Cf. At 15,22.32.
39. Cf. Rm 12,6; 1Cor 12,10.13; Ef 4,11s.; At 13,1s.; 15,32.
40. Cf. At 21,9; 1Cor 11,5.
41. Cf. Rm 12,6.
42. Cf. 1Jo 4,2s.

feta. Quem manda preparar a mesa para fins egoísticos, pede esmola para si mesmo, é um mentiroso e nos últimos dias o número deles aumentará (Did 11,9). A desconfiança contra os profetas nasceu na luta contra o gnosticismo e mais tarde contra o montanismo. Os montanistas apresentavam-se como verdadeiros profetas. Montano e as profetisas (Maximila e Priscila) desenvolveram um culto com os dons carismáticos, anunciando de maneira extática a parusia como estando já próxima (a nova profecia). Por isso proclamaram uma ética rigorista, proibindo, por exemplo, segundas núpcias, a fuga na perseguição, o perdão de pecados graves, prescreviam jejuns severos etc.

A função dos profetas na liturgia e no governo das comunidades permanece bastante obscura. Did 13,3 os chama de "grandes sacerdotes", aos quais deverão ser ofertadas as primícias da colheita etc. O sustento dos profetas é mais importante que o dos pobres, pois a comunidade apenas deverá entregar as primícias a estes quando nela não houver mais profetas. Enquanto os outros cristãos devem observar os ritos litúrgicos prescritos, o profeta tem liberdade (Did 10,7). Segundo Did 15,1 "os profetas e doutores" exerciam uma função de presidir na comunidade quando em liturgia, particularmente na celebração eucarística (Did 10,7; 13,3).

Mas não se pode demonstrar com certeza – apesar da Tradição Apostólica de Hipólito – que, simplesmente em virtude do carisma ou pelo reconhecimento do carisma por parte da Igreja, tenham tido poderes sacerdotais propriamente ditos.

12
Da hospitalidade para com os outros

A hospitalidade já era tida como uma das virtudes mais nobres da Antiguidade, pois o peregrino estava sob proteção da divindade. O Antigo Testamento também conhece e cultiva a hospitalidade. Os evangelhos apresentam repetidas vezes a obra salvífica, a vinda do Reino de Deus em Jesus na forma de convite. Jesus convida os homens a participar da ceia. Nela é ao mesmo tempo hóspede e hospedeiro[43]. Serve a seus hóspedes[44], pois ele veio para servir e não para ser servido: "O maior dentre vós será vosso servo"[45].

43. Cf. Mc 6,41s.; 8,6s.; Lc 22,27.
44. Cf. Jo 13,1s.
45. Mt 23,11.

Israel rejeita o convite, que então passa a "muitos"[46]. Cristo está presente, de certa maneira, no hóspede[47]. Enquanto Mt 10,40s. e Mc 9,37 se referem à hospitalidade dos cristãos, Mt 25,40 a estende a todos os homens. A hospitalidade expressa a fraternidade cristã[48] e torna-se um serviço missionário importante. A hospitalidade de Áquila e Priscila possibilitara ou facilitara o trabalho missionário de Paulo em Corinto[49]. Paulo trabalhou com anfitriões.

Às viúvas cabe zelar de maneira particular pela hospitalidade[50] e sobretudo os "episcopoi"[51] devem ser hospitaleiros. Na literatura patrística, encontramos muitas referências ao exercício da hospitalidade entre os cristãos. A consciência do caráter peregrino da própria Igreja cá na terra impulsionou os cristãos desde logo a construir hospitais e hospedarias sob o grande mandamento do amor. A regra de São Bento diz que o hóspede deve ser recebido como se fosse o próprio Cristo[52].

Os monges beneditinos estavam dentro de uma tradição cristã quando tentaram sintetizar o ideal da

---

46. Cf. Mt 8,11.
47. Cf. Mt 25,31-46.
48. Cf. At 2,42; 4,32s.
49. Cf. At 18.
50. Cf. 1Tm 5,10.
51. Cf. 1Tm 3,2; Tt 1,8.
52. Regra de São Bento, cap. 53.

vida cristã na fórmula "ora et labora" (reza e trabalha), que então se tornara o lema da cultura ocidental durante toda a Idade Média, sendo, não raro, mal-entendido. Será difícil querer justificar certa aversão ao trabalho, à técnica e à ciência, a qual inspirou muitos livros de piedade nos últimos séculos, dentro da verdadeira tradição cristã, como o atesta nosso texto, que também neste ponto se encontra dentro da orientação do Novo Testamento. Na segunda Carta aos Tessalonicenses, por exemplo, há um texto paralelo ao nosso[53]. O autor luta de modo enérgico contra a preguiça dos cristãos, porque fora informado de que alguns tessalonicenses deixaram de trabalhar. Talvez porque já esperassem a parusia próxima. O apóstolo os repreende, formulando o princípio: "Quem não quiser trabalhar não coma"[54]. Este texto parece não deixar dúvidas de que os primeiros cristãos estimavam o trabalho. O Apóstolo Paulo argumenta com seu próprio exemplo e exorta os membros da comunidade a evitar os preguiçosos, excluindo-os até de suas assembleias e da ceia eucarística, embora continuasse a tratá-los com caridade.

---

53. Cf. 2Ts 3,6-13.
54. Cf. 2Ts 3,10.

13
Deveres para com os
verdadeiros profetas

Nosso autor está preocupado em fixar a maneira prática de sustentar os profetas. Recorre às fontes literárias do Antigo Testamento[55]. No contexto, o significado do título "grande sacerdote" não é claro. Em todo o caso, os fiéis devem as primícias aos profetas. A troca do pronome em Did 13,4 revela certa incoerência, explicável como indicando uma interpolação posterior.

O papel dos profetas nas comunidades da Igreja primeva ainda é bastante obscuro. Justino garante que os dons proféticos continuam atuantes até seu tempo[56].

---

55. Cf. Nm 15,16-21; 18,11-19; Dt 18,3-5; Ne 10,36-40.
56. Dial., 82,1.

Ireneu previne para que na luta contra os falsos profetas não se extermine a verdadeira profecia[57].

Seria interessante confrontar nosso texto com um paralelo em Hermas. Hermas não se considera a si mesmo como profeta. Também não conta os profetas entre os dignitários da Igreja, como os apóstolos, bispos, doutores e diáconos[58]. Mas Hermas conhece os profetas. Os verdadeiros profetas não fazem reuniões secretas para dar informações, não se deixam interrogar como os oráculos[59], mas esperam até que o Espírito Santo lhes revele o que acontecerá quando a comunidade reza[60]. O Espírito Santo não fala quando o homem quer falar, mas quando Deus o quer[61].

A temática dos capítulos 11 e 13 da Did não perdeu nada de sua atualidade. O carisma da profecia sempre deverá ter lugar na Igreja. É ilusão esperar que a hierarquia, isto é, os papas, os bispos e os presbíteros, sempre deve ter as melhores iniciativas. A história da Igreja está aí para mostrar-nos, com tantos exemplos, iniciativas marcantes e significativas para toda a Igreja, que partiram dos *pequenos* do reino dos céus, dos

---

57. Adv. Haer. III,11,9.
58. Hermas, III,5,1.
59. Hermas, XI,5,8.
60. Hermas, XI,9.
61. Hermas, XI,8s.

pobres, das crianças, enfim, de homens proféticos ou carismáticos, homens movidos pela verdadeira inspiração do Espírito Santo, que sopra onde, como e quando quer. O antropocentrismo racionalista da organização institucionalizada certamente empobreceu um pouco nosso senso para a realidade da ação do Espírito Santo na vida do povo de Deus.

A história da Igreja, desde os primórdios, nos mostra como muitas crises foram superadas pelo aparecimento de homens carismáticos, que não raro até viviam em certa tensão com a hierarquia, de maneira análoga aos profetas do Antigo Testamento. Onde surgem homens carismáticos, a hierarquia quase sempre vive na tentação de fazê-los calar, porque sua voz eventualmente lhe poderá ser incômoda, ou porque se sente autorizada a controlar a ação de Deus nos corações dos homens. Esta é uma tendência natural que sempre existiu e não deveríamos perder-nos nos aspectos negativos que um caso concreto sempre poderá envolver.

Vejamos alguns exemplos. Bento de Núrsia não era sacerdote. Mas, pelo espírito de sapiência e discrição, tornou-se o pai do monaquismo ocidental. O poderoso papa Inocêncio viu, num sonho, como o pobre Francisco de Assis, que não era padre, seria o apoio da Igreja. Catarina de Sena exerceu influência decisiva para acabar o exílio de Avinhão. Estes e outros homens carismáticos deram novos impulsos à vida da Igreja. E estou convencido de que hoje deveríamos ter nova consciência da realidade do carisma livre, que não pode ser controlado e administrado de cima pela autoridade, pois nenhuma autoridade na Igreja é completamente idêntica à autoridade de Cristo. O dogma católico diz que até a suprema autoridade do papa só em casos bem determinados é infalível.

O Espírito Santo poderá fazer luzir sua força onde, aos nossos olhos, a fraqueza humana parece maior. Consequentemente, na Igreja deverá haver um espaço para experiências, ao menos em princípio, sem que o magistério supremo logo esteja engajado e comprometido diretamente. De outra parte nunca deveremos olvidar quão frutuosa pode ser a desconfiança do magistério em relação aos que falam com o carisma, pois todo carisma é limitado. No relacionamento com a autoridade legítima, se conhecerá o verdadeiro profeta. Isto, porém, não significa que os homens carismáticos não possam entrar em tensões com as autoridades do magistério eclesiástico, como, por exemplo, no caso de Santa Joana d'Arc. Às vezes serão necessárias tais tensões para livrar a Igreja de verdadeiros entorpecentes institucionais. A estrutura sócio-humana da Igreja evidentemente exige formas externas institucionalizadas, pois não existe Igreja puramente espiritual a partir da encarnação de Cristo. A Igreja autêntica de Cristo é aquela do Verbo feito carne humana. Essa, todavia, não é nenhum batalhão do exército, onde todos marcam passo ao comando do apito, onde todos tenham que estar só e unicamente em posição de sentido para receber as ordens de comando de um general. A Igreja não é "sowjet", nem "parlamento". Tampouco é uma essência iluminada de pequena elite ou seita espírita. A Igreja de Cristo é uma comunidade de fiéis e pastores unidos na fé e no amor fraterno em Cristo, e de corações abertos à Sua voz em nosso tempo.

14
Santificação do domingo pela Eucaristia

Nosso texto prescreve a celebração da Eucaristia no "dia do Senhor" (domingo), isto é, no primeiro dia da semana. Segundo os Atos dos Apóstolos, a comunidade de Troia se reunia ao domingo com Paulo para a fração do pão e a liturgia da palavra[62]. Na Primeira Carta aos Coríntios, Paulo manda que no primeiro dia da semana guardem sua oferta para Jerusalém[63]. A designação *dia do Senhor* encontra-se também em Ap 1,10 e em textos apócrifos. Aos primeiros cristãos era, pois, evidente, desde logo, que celebrassem o primeiro dia da

---

62. Cf. At 20,7.
63. Cf. 1Cor 16,2.

semana e não o sétimo, como o fazem os judeus. Como se explica isso?

Nas primeiras páginas da Bíblia, já encontramos o esquema dos dias da semana: a criação dos seis dias. No sétimo dia Deus descansou. O autor bíblico quer dizer-nos que não foi o homem que introduziu o dia de descanso no ritmo da semana, mas o próprio Deus. Deus abençoou o sétimo dia. Por isso também o homem deverá santificá-lo. Desta maneira, o autor bíblico constrói uma ponte entre o trabalho do homem e a obra e o descanso de Deus.

Na tábua dos dez mandamentos, que Javé entregara a Moisés no Monte Sinai, o terceiro prescreve a santificação do sábado. Isto significa que deverá distinguir-se em alguma coisa do ritmo dos outros seis dias. Durante seis dias o homem atende a seus negócios, trabalha para o seu sustento. No sétimo dia honra a Deus de uma maneira especial. Entre os judeus as regras de observância deste dia tornaram-se muito minuciosas. Deus mesmo quer que seu povo num dia da semana tenha tempo para a meditação, para o seu Deus.

O sábado é, desta maneira, o dia da aliança de Deus para com o seu povo eleito, comemorando a criação: no sétimo dia, depois de trabalhar seis, Deus descansou.

No livro Deuteronômio a comemoração do sábado ainda inclui o motivo do êxodo de Israel do Egito[64]. Treze séculos antes de Cristo, Javé libertara seu povo, de maneira prodigiosa, da escravidão dos egípcios. Javé ordenara ao povo hebreu que ungisse as portas de suas casas com o sangue do cordeiro. E, à noite, passou o anjo da morte, matando todos os primogênitos dos egípcios. E Israel ficou de celebrar esta libertação prodigiosa em todos os sábados, mas de modo particular na ceia do cordeiro por ocasião da festa anual da páscoa.

Por que os cristãos então celebram os domingos e não o sábado?

Certamente, o motivo não foi a atitude soberana de Jesus em relação ao sábado: "O Filho do Homem é senhor sobre o sábado"[65], mas o acontecimento salvífico da Ressurreição do Senhor Jesus no primeiro dia da semana. Sua ressurreição significa para nós um novo começo. No domingo comemoramos nossa libertação pelo sangue do Cordeiro de Deus, que tira os pecados do mundo, o sangue da nova e eterna aliança com seu povo.

O sábado judeu é interpretado mais a partir da criação. Os cristãos interpretam o domingo a partir da redenção e no seu aspecto escatológico. A santificação

---

64. Cf. Dt 5,15.
65. Cf. Mc 2,28 par.

do domingo tem um significado escatológico para os cristãos, pois, de alguma maneira, antecipa o paraíso, onde toda a humanidade redimida participará do descanso, isto é, da plenitude de Deus. O homem, que colabora com Deus na obra da criação, chega à plenitude no dia do Senhor, no dia de descanso. Neste sentido nós, os cristãos, também rezamos pelos nossos defuntos: Senhor, dai-lhes o descanso eterno! Descanso no sentido bíblico não significa um sono eterno, mas vida de plenitude com Deus. O sentido bíblico do dia de repouso é um dia de vida, a *vida nova* que nos foi dada por Jesus Cristo ressuscitado. E é facilmente compreensível que, desde os primórdios, os cristãos celebrassem a eucaristia neste dia: "Quem não comer deste pão e não beber do cálice não viverá". Desde logo a Igreja celebra em cada oitavo dia o mistério pascal. Por isso se chama o dia do Senhor ou domingo. Para acentuar o caráter de festa, o Concílio Ecumênico de Niceia (325) prescrevera (cânon 20) que aos domingos os fiéis não se ajoelhassem na celebração eucarística.

15
Eleição dos bispos e diáconos

Logo cai em vista que nosso texto não menciona os presbíteros. Mas os profetas exerciam um papel muito importante ao lado da hierarquia local. Ocupavam posição de tão alta estima que não podiam ser julgados (Did 11,11) porque julgá-los, quando falam sob inspiração, seria um pecado contra o Espírito Santo (Did 11,7).

A eleição dos *episcopoi* (bispos) e *diáconoi* (diáconos) parece coisa evidente. O texto não alude à hipótese de que o bispo era escolhido do meio do colégio dos presbíteros. O ministério do "epíscopos" não é descrito com detalhes. A designação como tal ocorre cinco vezes no Novo Testamento[66]. Uma vez se refere a Jesus Cris-

---

66. Cf. Pd 2,25; At 20,28; Fl 1,1; 1Tm 3,2; Tt 1,7.

to. As outras vezes designa homens com a função de presidir as comunidades.

Os Atos dos Apóstolos referem-se aos *presbíteros* de Jerusalém como membros da hierarquia(?) local[67]. Em todo caso será pouco provável que essa designação aí signifique idade. Outras vezes os presbíteros são nomeados ao lado dos (doze?) apóstolos[68] e ao lado de Tiago, um dos doze apóstolos.[69] Parece que, depois da retirada de Pedro, Tiago ocupou uma posição quase monárquica em Jerusalém.

As cartas de São Paulo – abstraindo das cartas pastorais – não falam dos presbíteros. A Carta aos Filipenses fala dos *bispos* e *diáconos*[70], sem, todavia, descrever suas funções, como o fazem os Atos dos Apóstolos e as cartas pastorais[71]. Outros textos do NT citam os presbíteros[72]. É possível que o ministério dos presbíteros primeiro tenha sido introduzido no meio palestinense e que, no começo, ao menos algumas comunidades paulinas não tinham presbíteros.

---

67. Cf. At 11,30.
68. Cf. At 15,2.4.6.22 e 16,4.
69. Cf. At 21,18.
70. Cf. Fl 1,1.
71. Cf. At 20,28; 1Tm 3,2-12.
72. Cf. Tg 5,14; Tt 1,5-9; 1Pd 5,1.5; At 20,17; 1Tm 5,1-2; 2Jo 1.

A Carta de Inácio de Antioquia aos Esmirnenses já conhece a tríplice distinção hierárquica de bispos, presbíteros e diáconos[73], cabendo aos bispos uma função praticamente monárquica. Isto parece indicar que o ministério dos bispos, presbíteros e diáconos bem depressa assumiu caráter institucional. Os mesmos são legitimados ou autorizados por mediação humana através de atos bem determinados – 'segundo a primeira Carta a Timóteo[74], e provavelmente também segundo os Atos dos Apóstolos[75] –, em ligação com a imposição das mãos. Reina a convicção de que, com este ato, realizado com orações e jejuns[76], Deus mesmo aja no Espírito Santo.

O desenvolvimento progressivo das comunidades faz com que bem cedo se comece a fixar a posição daqueles que são responsáveis pela administração e direção das comunidades paulinas[77]. A Carta aos Filipenses já supõe títulos fixos. E o campo de atividade dos ministros se alarga sempre mais, ganhando sempre mais importância. 1Pd 5,1s. já conhece os presbíteros com o ofício de pastorear o rebanho de Deus. Os ministros são advertidos de precaver-se contra o orgulho, sinal de sua posição autoritária. Pedro chama-os até de *copresbí-*

---

73. *Aos Esmirnenses*, 8,1.
74. Cf. 1Tm 4,14; 5,22; 2Tm 1,6.
75. At 14,23 (13,3).
76. Cf. At 14,23.
77. Cf. 1Tm 5,12; 1Cor 12,28; Rm 12,7-8.

teros. A expressão *presbitério* indica talvez uma espécie de *colégio dos presbíteros*[78].

As cartas pastorais do NT exigem determinadas qualidades dos que aspiram ao ministério dos bispos e diáconos. Essas qualidades são mais de ordem moral e religiosa[79], não havendo, porém, nenhuma referência ao celibato.

A Primeira Carta a Timóteo já testemunha o respeito devido aos ministros: "Os presbíteros, que presidem bem, particularmente os que pregam e ensinam, sejam tidos em dupla honra"[80]. Neste sentido Did 15,1-2 diz que a honra devida aos bispos e diáconos é a mesma que se deve aos profetas e doutores.

Diante de nosso texto, poderemos perguntar: Quem é o bispo? Desde quando o bispo é identificado com determinado ofício e com determinada autoridade na vida da comunidade eclesial? Nosso texto e o NT não respondem de maneira unívoca. Certo é que nosso texto como o NT nunca identificam os pregadores itinerantes, os pregadores carismáticos, os apóstolos, profetas e doutores com os bispos e diáconos.

---

78. Cf. 1Tm 4,14.
79. Cf. 1Tm 3,2-13; Tt 1,5-9.
80. Cf. 1Tm 5,17.

16
Parusia do Senhor

O último capítulo da Didaqué trata da escatologia, isto é, da hora incerta da segunda vinda do Senhor. Os fiéis deverão reunir-se muitas vezes em assembleia enquanto esperam a parusia, buscando aquelas coisas que são de interesse espiritual.

A prescrição de reunir-se muitas vezes em assembleia manifesta a consciência social que a comunidade primeva tinha em vista da vinda do Senhor. É bem possível que esta prescrição se dirija, contra uma tendência de separar-se da comunidade, com o desejo de viver o cristianismo na solidão ou na fuga do mundo. Para eles vale a advertência: Permanecei unidos, pois o fim está próximo![81] No fundo transparece a ideia de que no fim dos tempos a Igreja da plenitude do reino de Deus será a mesma assembleia dos que agora professam Cristo, com a diferença da esperança escatológica então realizada. Mas nem todos, que neste mundo são aparentemente membros da Igreja, também o serão no fim dos tempos, pois neste tempo de espera muitos lobos andam fingidos em peles de ovelhas. No juízo serão desvendadas as falsidades. Os que permanecerem firmes na fé serão salvos por Aquele que virá sobre as nuvens do céu para o grande juízo.

A comunidade cristã primeva manifesta impaciência pela vinda do Senhor no fim do mundo. Nosso capítulo resume, na linguagem apocalíptica do tempo, a descrição daquele evento decisivo: os pseudoprofetas, o anticristo, os sinais, a ressurreição dos mortos e a vinda do Senhor. Nosso texto não se prende só aos aspectos dramáticos daqueles últimos dias. Culmina na verdade fundamental da fé cristã: a ressurreição dos mortos e o grande juízo de Nosso Senhor[82]. Do ponto de vista dogmático, os sinais da descrição apocalíptica deverão ser interpretados com muita prudência à luz dos princípios hermenêuticos deste gênero literário. Verdade

---

81. Cf. Hb 10,25.
82. Cf. Hb 6,2.

de fé é que Jesus Cristo virá na glória para julgar vivos e mortos. A data dessa vinda não poderemos calcular cronologicamente.

Índice escriturístico*

Antigo Testamento

Êxodo
20,7 2,3
20,13-17 2,6

Levítico
19,18 1,2

Deuteronômio
1,16-17 4,3
5,17-21 2,6
5,32s. 1,1
6,5 1,2
10,12s. 1,2

11,26-28 1,1
30,15-20 1,1

Salmo
37,11 3,7

Provérbios
21,6 2,4
31,9 4,3

Eclesiástico
7,30 1,2
12,1 1,6
15,15-17 1,1

* Organizado por Frei Frederico Vier, OFM.

Jeremias
21,8 1,1

Malaquias
1,11.14 14,3

Novo Testamento

Mateus
5,5 3,7
5,23-24 14,2
5,25s 1,5
5,33 2,3
5,39s. 1,4
5,42 1,5
5,44.46s. 1,3
6,9-13 8,2
7,6 9,5
7,12 1,2
7,15 16,3
12,31 11,7
21,15 10,6
22,37 1,2
24,4 6,1
24,10-13 16,3
24,10.13 16,5

24,24 16,4
24,30 16,8
24,31 16,6
24,42-44 16,1
25,13 16,1
26,64 16,8
28,19 7,1

Lucas
6,27-28 1,3
6,29 1,4
6,30 1,5
6,31 1,2
6,32-33 1,3
11,2-4 8,2
12,35 16,1
12,58s. 1,5

Atos
4,32 4,8

1Coríntios
15,52 16,6
16,22 10,6

Efésios
6,1-9 4,11

Colossenses
3,20-25 4,11

1 Tessalonicenses
4,16 16,6

2 Tessalonicenses
2,4.9 16,4

Hebreus
13,7 4,1
13,16 4,8

1 Pedro
2,11 1,4

Apocalipse
22,20 10,6

Índice analítico[*]

Aborto 2,2; 5,1
Adivinhação 3,4
Adultério 3,5; 5,1
Amor de Deus 1,2
Amor do próximo 1,2
Anticristo (sedutor do mundo) 16,4
Apóstolos 11,1-12
Astrologia 3,4
Avareza 3,5

Batismo, instrução sobre o 7,1-4
Bispos, eleição 15,1-3

Caminho da morte c. 5
Caminho da vida cc. 1-4
Caminhos, os dois 1
Carnes oferecidas aos ídolos, abstinência das 6,3
Cismas, evitar 4,3
Cobiça 3,3.5; 5,1
Confissão dos pecados 4,14; 14,1
Conformidade com a vontade de Deus 3,10
Correção fraternal 15,3

[*] Organizado por Frei Frederico Vier, OFM.

Deveres para com a vida
do próximo 2,1-2
– Para com a propriedade
do próximo 2,6
– para com a fama do
próximo 2,3-5
Diácono: eleição e
qualidades 15,1
Domingo, santificação
pela Eucaristia 14,1-3

Esmola 1,6; 4,5-8; 15,4
Eucaristia, celebração
da 9,1-5
– ação de graças depois da
ceia 10,1-7
– só podem dela
participar os batizados 9,5

Feitiçaria 3,4; 5,1
Filhos, educação dos 4,9
Fornicação 3,3; 5,1
Fúria 3,6

Hipocrisia 4,12; 5,1
Homicídio 3,2; 5,1

Hospitalidade para com
os apóstolos e profetas
11,1-12
– para com os outros
12,1-5

Idolatria 3,4; 5,1
Igreja de Deus 10,5
Infanticídio 2,2; 5,2

Jejum e oração 8,1-3
– antes do batismo 7,4
Jugo do Senhor 6,1-3
Julgamento justo 4,3

Magia 5,1
Mandamentos 1,3-6
– do Senhor 4,13
Mansidão 3,7
Maranatá 10,6
Mentira 3,5; 5,1

Ociosidade 12,4-5

Pai-nosso 8,2
Paixões, más 3,1-3; 5,1-2
Parusia do Senhor 16,1-8

Prazeres carnais,
abstinência dos 1,4
Profetas 11,1-12
– deveres para com os
13,1-7
– falsos 11,5s.8s.; 16,3
Propriedade 2,6

Reconciliação com o
próximo 14,2
Roubo 3,5; 5,1

Servos 4,11
Superiores, honrar os 4,1
– relações com os súditos
4,10

Trabalho 12,3-5
– manual 4,6

Vícios (caminho da
morte) 5,1-2
Vida do próximo 2,1-6
Virtudes cristãs 3,7-10;
4,1-14

Índice geral[*]

Prefácio, 7

Introdução, 11

TEXTO E COMENTÁRIO
(O 1º número se refere ao texto; o 2º, ao comentário)

Capítulo 1
Os dois caminhos: o da vida exige o amor a Deus e ao próximo, 19 e 49

Capítulo 2
Dos deveres para com a vida e a propriedade do próximo, 22 e 53

Capítulo 3
Advertências contra a paixão e a idolatria, 24 e 56

---

[*] Organizado por Frei Frederico Vier, OFM.

Capítulo 4
É melhor dar que receber. Deveres do senhor e dos escravos, 26 e 58

Capítulo 5
Do caminho da morte, 29 e 62

Capítulo 6
Perfeito é quem aceita o jugo do Senhor, 31 e 64

Capítulo 7
Instrução sobre o batismo, 32 e 67

Capítulo 8
Sobre o jejum e a oração, 33 e 70

Capítulo 9
Instrução sobre a celebração eucarística, 34 e 74

Capítulo 10
Ação de graças depois da ceia, 36 e 78

Capítulo 11
Da hospitalidade para com os apóstolos e profetas, 38 e 82

Capítulo 12
Da hospitalidade para com os outros, 40 e 86

Capítulo 13
Deveres para com os verdadeiros profetas, 41 e 89

Capítulo 14
Santificação do domingo pela Eucaristia, 43 e 94

Capítulo 15
Eleição dos bispos e diáconos, 44 e 98

Capítulo 16
Parusia do Senhor, 45 e 102

CLÁSSICOS DA INICIAÇÃO CRISTÃ

Veja outros títulos da coleção em

livrariavozes.com.br/colecoes/classicos-da-iniciacao-crista

ou pelo Qr Code

Conecte-se conosco:

f facebook.com/editoravozes

◯ @editoravozes

𝕏 @editora_vozes

▶ youtube.com/editoravozes

☎ +55 24 2233-9033

www.vozes.com.br

Conheça nossas lojas:

www.livrariavozes.com.br

Belo Horizonte – Brasília – Campinas – Cuiabá – Curitiba
Fortaleza – Juiz de Fora – Petrópolis – Recife – São Paulo

EDITORA VOZES LTDA.
Rua Frei Luís, 100 – Centro – Cep 25689-900 – Petrópolis, RJ
Tel.: (24) 2233-9000 – E-mail: vendas@vozes.com.br